# EL LIBRO DE RECETAS DE KEFIR INFUSIONADO ÚLTIMO

100 bebidas de kéfir saludables, curativas y con sabores vibrantes

Olga Calvo

# TABLA DE CONTENIDO

# INTRODUCCIÓN

El kéfir es una bebida probiótica con propiedades curativas que ralentizan nuestro proceso de envejecimiento. Está elaborado con granos de kéfir, originarios de México. Estos granos no son cereales, pero son una cultura madre que digiere el azúcar en un proceso de fermentación, lo que da como resultado una bebida gaseosa y carbonatada similar al champán.

Aunque algunas variedades de kéfir requieren lácteos, también está disponible kéfir de agua cruda. A diferencia del yogur lácteo, el kéfir contiene una treintena de cepas de bacterias y levaduras. El cultivo se presenta en pequeñas bolas translúcidas llamadas "granos", que están formadas por un polisacárido llamado kefiran, ácidos orgánicos, levaduras y bacterias. Lo ideal es utilizar cereales vivos, no cereales deshidratados o congelados. Trate de evitar los iniciadores en polvo; las bacterias no son tan activas y solo producirán ocho lotes si tienes suerte antes de tener que comprar más polvo iniciador. Sólo necesitarás comprar granos vivos una vez y crecerán y se expandirán indefinidamente si los cuidas adecuadamente.

# RECETAS BÁSICAS

# 1. Kéfir de coco

**INGREDIENTES:**
- 2 cocos
- 1 a 2 cucharadas de granos de kéfir de agua

**INSTRUCCIONES:**

a) Abra los cocos y vierta el agua de coco a través de un colador de plástico en una taza o tazón medidor grande. Luego, transfiera el agua a una lata de vidrio grande o a un frasco de vidrio. Usar un embudo lo hará más fácil. Llene su frasco de vidrio sólo de tres cuartos a cuatro quintos de su capacidad. NOTA: Asegúrese de que el agua esté clara; si el agua es rosada, está rancia.

b) Luego, agrega los granos de kéfir al frasco con el agua de coco. Cierra la tapa y coloca el frasco en un lugar que esté entre 70° y 74°F. En climas más fríos, puedes colocar el frasco en el horno, con solo la luz del horno encendida.

c) Cuanto más fermente el agua, menos agridulce y avinagrado tendrá un sabor. El agua adquirirá un color lechoso. El tiempo de preparación no debe exceder las 48 horas. No hay un tiempo mínimo de preparación; cuanto más corto sea el tiempo, más azúcar y más dulce será tu bebida. Lo ideal es preparar el agua de coco durante entre 24 y 48 horas. Puedes probar el agua cada 24 horas para comprobar si tiene un poco de gas, como el champán, y para lograr el nivel de azúcar y el sabor que deseas.

d) Una vez que la infusión esté lista, viértala en un recipiente no metálico y recoja los granos en un colador de plástico.

e) Vierte el agua de kéfir colada en otro frasco de vidrio y disfrútala inmediatamente. Conservar en el frigorífico.

f) Lo mantendrá durante varias semanas en su refrigerador.

## 2. Kéfir de agua

**INGREDIENTES:**
- 2 tazas de agua filtrada
- ⅓ taza de azúcar turbinado orgánica
- 1 cucharada de pasas
- ¼ de taza de rodajas de limón, con la cáscara puesta
- 1 a 2 cucharadas de granos de kéfir de agua

**INSTRUCCIONES:**
a) Vierte el agua en un frasco de vidrio con tapa. No llenes hasta el tope y asegúrate de dejar unos centímetros de aire. Disuelva el azúcar en el agua revolviendo o agitando con la tapa puesta. Agrega las pasas, las rodajas de limón y los granos de kéfir. Cerrar la tapa.

b) Coloque el frasco en un gabinete oscuro durante 24 a 48 horas para que se prepare y fermente. Puedes revolver la infusión una vez al día o simplemente dejarla reposar durante 2 días. Cuando esté listo, use una cuchara de plástico o un colador para quitar el limón y las pasas de la parte superior. Luego, revuelve ligeramente y vierte el agua a través de un colador de plástico para recoger todos los granos de kéfir de agua.

c) Vierta el agua en un recipiente de vidrio, colóquelo en el refrigerador y disfrútelo inmediatamente; o déjelo a temperatura ambiente durante uno o dos días más para la fermentación secundaria, luego coloque el frasco en el refrigerador para disfrutarlo.

d) Se conservará durante un mes o más en el frigorífico.

e) Utilice los granos de agua de kéfir para comenzar otro lote inmediatamente.

## 3. Kéfir de leche

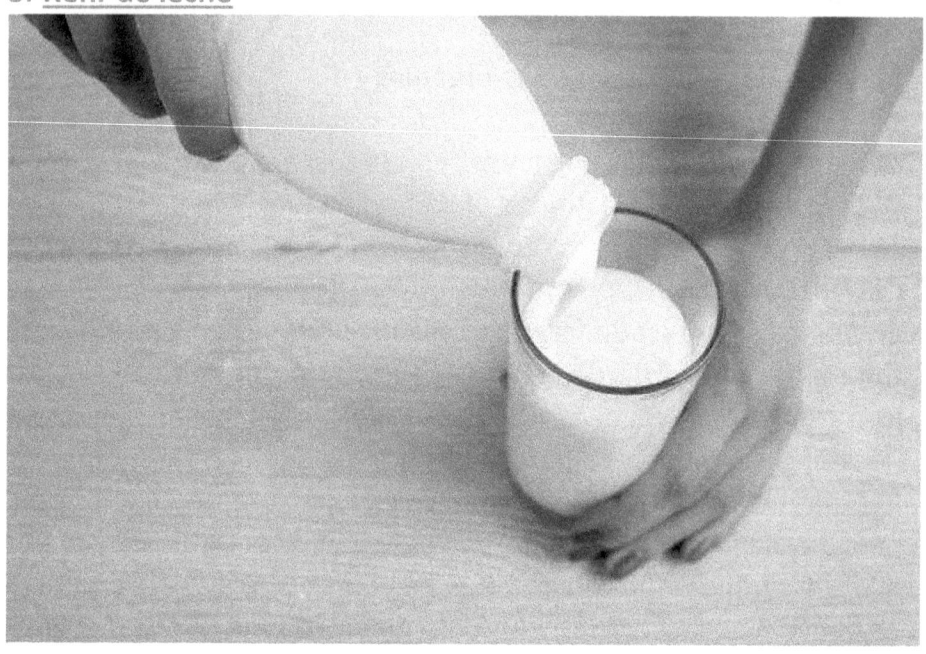

**INGREDIENTES:**
- 1 cucharada de kéfir en grano
- 4 tazas de leche de vaca entera

**INSTRUCCIONES:**
a) Agrega los granos de kéfir y 4 tazas de leche entera a una jarra de vidrio grande.

b) Cubre la jarra con algunas capas de toallas de papel o con algunos filtros de café de papel. Asegúrelo con una banda elástica para evitar que entren insectos o polvo.

c) Colóquelo en un lugar cálido y oscuro durante aproximadamente 24 horas.

d) Coloque un recipiente ancho que no sea de metal debajo de un colador de malla fina que no sea de metal. Vierta el kéfir terminado en el colador, revolviendo con una cuchara de plástico o de madera para forzar suavemente el kéfir. Los granos quedarán.

e) Enjuaga el frasco grande en el que fermentaste los granos y luego vuelve a agregarlos. Agrega 4 tazas de leche fresca para iniciar el proceso.

f) Transfiera el kéfir terminado que se recoge en el recipiente ancho y transfiéralo a un frasco con cierre hermético. Conservar en el frigorífico durante unas 2 semanas.

## 4. Kéfir de leche de vainilla

**INGREDIENTES:**
- 2 tazas de kéfir de leche
- 1 cucharaditas de extracto de vainilla

**INSTRUCCIONES:**
a) Agrega la vainilla al kéfir de leche.
b) Disfrutar.

# KEFIR AFRUTADO

## 5. Kéfir de coco y litchi

## INGREDIENTES:
- 2 tazas de agua de coco
- 6 cucharadas de granos de kéfir de agua
- 5 litchis frescos pelados o enlatados
- Semillas de granada frescas

## INSTRUCCIONES:
a) Agrega 2 tazas de agua de coco en un frasco de vidrio de 2 litros.

b) Agrega 2 cucharadas de granos de kéfir de agua.

c) Cubre tu frasco con un filtro de café o un paño asegurado con elástico.

d) Déjelo reposar durante 48 horas, el kéfir de agua de coco estará un poco gaseoso con un sabor ligeramente picante.

e) Después de 2 días de fermentación, agregue los 3 lichis frescos pelados o enlatados y fermente durante 12 a 24 horas más.

f) Filtra el agua de coco en un recipiente para quitar las perlas de kéfir. Retire los litchis. Guarda tus perlas de kéfir en el refrigerador en un frasco hermético con agua filtrada y un poco de azúcar.

g) Transfiera su kéfir de agua de coco y litchi a una botella hermética y guárdela en el refrigerador. Se mantendrá unas semanas.

h) Sirva frío con semillas de granada y litchi.

## 6. Kéfir cítrico

**INGREDIENTES:**
- 2 tazas de kéfir de leche
- 2 a 4 cucharadas de jugo de cítricos

**INSTRUCCIONES:**
a) Licúa el jugo de cítricos con el kéfir de leche y sirve.

# 7. Kéfir de linaza y frambuesa

**INGREDIENTES:**

- 2 tazas de kéfir de leche
- 2 cucharadas de linaza molida
- ½ taza de frambuesas
- Azúcar de caña orgánico

**INSTRUCCIONES:**

a) Combine los ingredientes en una licuadora y licúelos.

b) Agrega edulcorante si lo deseas. Atender.

## 8. Kéfir Piña Colada

**INGREDIENTES:**
- 1 tazas de kéfir de leche
- ½ taza de crema de coco
- ½ taza de jugo de piña

**INSTRUCCIONES:**
a) Coloca en la licuadora el kéfir de leche, la crema de coco y el jugo de piña.
b) Licúalos.
c) Atender.

## 9. Kéfir de fresa y plátano

**INGREDIENTES:**
- 1 taza de kéfir de leche
- 6 a 8 fresas
- 1 plátano
- 5 cubitos de hielo

**INSTRUCCIONES:**
a) Agrega los ingredientes mencionados anteriormente a una licuadora y licúalos.
b) Atender.

## 10. Kéfir de lima y fresa

**INGREDIENTES:**
- 1 taza de kéfir de leche
- 2 cucharadas de jugo de lima
- 5 fresas
- Azúcar de caña orgánico
- 5 cubitos de hielo

**INSTRUCCIONES:**
a) Agrega todos los ingredientes mencionados anteriormente a una licuadora y licúa todo.
b) Añade azucar.

## 11. Kéfir granizado de sandía

**INGREDIENTES:**
- 1 taza de kéfir de leche
- 2 tazas de sandía sin semillas, picada
- 10 cubitos de hielo

**INSTRUCCIONES:**

a) Agrega los ingredientes mencionados anteriormente a una licuadora y licúalo todo.

b) Atender.

## 12. Limonada de kéfir de frambuesa

**INGREDIENTES:**
- ½ taza de frambuesas congeladas frescas o descongeladas
- ⅔ taza de jugo de limón recién exprimido
- ½ taza de sirope de agave
- 3 tazas de kéfir

**INSTRUCCIONES:**
a) Coloque todos los ingredientes en una licuadora de alta velocidad y mezcle hasta que quede suave.

b) Colar a través de un colador de plástico en una jarra. Servir sobre hielo.

c) Se conservará durante 2 días en el frigorífico.

## 13. Fresas En Kéfir De Coco

**INGREDIENTES:**
- 1 taza de fresas frescas
- 4 tazas de kéfir de coco, frío

**INSTRUCCIONES:**
a) Divide las fresas y el kéfir en cuatro vasos.
b) Use un tenedor para triturar y triturar las fresas en el kéfir antes de servir.

## 14. Kéfir de granada y arándanos

**INGREDIENTES:**
- 1 litro de kéfir de agua
- ½ taza de jugo de arándanos y granada

**INSTRUCCIONES:**
a) Hacer kéfir de agua y quitar los granos de kéfir.
b) Agregue ½ taza de jugo de arándano y granada por litro de kéfir de agua.
c) Servir frío.

## 15. Kéfir de jugo de frambuesa

**INGREDIENTES:**
- granos de kéfir
- 1-2 cuartos de jugo de frambuesa orgánico

**INSTRUCCIONES:**
a) Agregue granos de kéfir a 1 o 2 litros de jugo de frambuesa orgánico.
b) Cultivo 24-48 horas.

## 16. Kéfir de jugo de uva

**INGREDIENTES:**
- granos de kéfir
- 1-2 cuartos de jugo de uva orgánico

**INSTRUCCIONES:**
a) Agregue granos de kéfir a 1 o 2 cuartos de jugo de uva o manzana orgánico.
b) Cultivo durante 24-48 horas.

## 17. Kéfir de agua con ralladura de naranja

**INGREDIENTES:**
- granos de kéfir
- tiras de ralladura de naranja orgánica
- 1-2 litros de agua azucarada

**INSTRUCCIONES:**
a) Agregue los granos de kéfir y varias tiras de ralladura de naranja orgánica a un lote estándar de agua azucarada.

b) Cultivo 24-48 horas.

c) Retire y deseche la ralladura de naranja.

d) Retire los granos de kéfir y sirva el kéfir de agua terminado frío.

## 18. Kéfir de cereza y vainilla

**INGREDIENTES:**

- 4 tazas de primer fermento
- ¼ taza de jugo de cereza
- ½ cucharadita de vainilla

**INSTRUCCIONES:**

a) Hacer el primer fermento y dejar el tarro en un lugar cálido durante 24-48 horas.

b) Cuela los granos y añade los ingredientes a la botella con tapa giratoria con el kéfir de agua del primer fermento.

c) Selle la botella con tapa giratoria y déjela en un lugar cálido durante 24 horas para el segundo fermento.

d) ¡Abre lentamente, cuela y disfruta!

## 19. Kéfir de agua de saúco

**INGREDIENTES:**
- 1 litro de kéfir de agua
- 1 cucharada de bayas de saúco secas

**INSTRUCCIONES:**

a) Después del primer fermento, vierte el kéfir en un frasco limpio y agrega las bayas de saúco.

b) Cubra con una tapa hermética y colóquelo en un lugar oscuro para que fermente nuevamente durante al menos 24 horas.

c) Refrigerar.

**INGREDIENTES:**

1 taza de kéfir
1/2 taza de arándanos
Ralladura de 1 limón
1 cucharadita de jarabe de arce (opcional)
**INSTRUCCIONES:**

En una licuadora, combine el kéfir, los arándanos, la ralladura de limón y el jarabe de arce (si lo desea).

Licue hasta que esté bien combinado.

Vierta en un vaso y sirva frío.

## 21. Kéfir de mango y piña

**INGREDIENTES:**

1 taza de kéfir
1/2 taza de mango fresco, cortado en cubitos
1/2 taza de piña fresca, cortada en cubitos
**INSTRUCCIONES:**

En una licuadora, combine el kéfir, el mango y la piña.

Mezcle hasta que esté suave y cremosa.

Vierta en un vaso y sirva frío.

## 22. Kéfir de lima y frambuesa

**INGREDIENTES:**

1 taza de kéfir
1/2 taza de frambuesas
Zumo de 1 lima
1 cucharadita de sirope de agave (opcional)
**INSTRUCCIONES:**

En una licuadora, combine el kéfir, las frambuesas, el jugo de lima y el jarabe de agave (si lo desea).

Licue hasta que esté bien combinado.

Vierta en un vaso y sirva frío.

## 23. Kéfir de sandía y menta

**INGREDIENTES:**

1 taza de kéfir
1/2 taza de sandía fresca, en cubos
1 cucharada de hojas de menta fresca, picadas
**INSTRUCCIONES:**

En una licuadora, combine el kéfir, la sandía y las hojas de menta.

Mezcle hasta que esté suave y cremosa.

Vierta en un vaso y sirva frío.

## 24. Kéfir de melocotón y jengibre

**INGREDIENTES:**

1 taza de kéfir
1/2 taza de duraznos frescos, rebanados
1 cucharadita de jengibre rallado
1 cucharadita de miel (opcional)

**INSTRUCCIONES:**

En una licuadora, combine el kéfir, los melocotones, el jengibre y la miel (si lo desea).

Licue hasta que esté bien combinado.

Vierta en un vaso y sirva frío.

**INGREDIENTES:**

1 taza de kéfir
1/2 taza de cerezas, sin hueso
1/2 cucharadita de extracto de vainilla
**INSTRUCCIONES:**

En una licuadora, combine el kéfir, las cerezas y el extracto de vainilla.

Mezcle hasta que esté suave y cremosa.

Vierta en un vaso y sirva frío.

**INGREDIENTES:**

1 taza de kéfir
1 kiwi, pelado y rebanado
1/2 taza de fresas, en rodajas
1 cucharadita de miel (opcional)

**INSTRUCCIONES:**

En una licuadora, combine el kéfir, el kiwi, las fresas y la miel (si lo desea).

Licue hasta que esté bien combinado.

Vierta en un vaso y sirva frío.

## 27. Kéfir de manzana y canela

**INGREDIENTES:**

1 taza de kéfir
1/2 taza de manzana, cortada en cubitos
1/2 cucharadita de canela molida
1 cucharadita de jarabe de arce (opcional)

**INSTRUCCIONES:**

En una licuadora, combine el kéfir, la manzana, la canela y el jarabe de arce (si lo desea).

Mezcle hasta que esté suave y cremosa.

Vierta en un vaso y sirva frío.

**INGREDIENTES:**

1 taza de kéfir
1/2 taza de moras
2 cucharadas de hojuelas de coco
1 cucharadita de sirope de agave (opcional)
**INSTRUCCIONES:**

En una licuadora, combine el kéfir, las moras, las hojuelas de coco
y el jarabe de agave (si lo desea).
Licue hasta que esté bien combinado.
Vierta en un vaso y sirva frío.

# KEFIR PICANTE

## 29. Kéfir de leche con especias de cacao

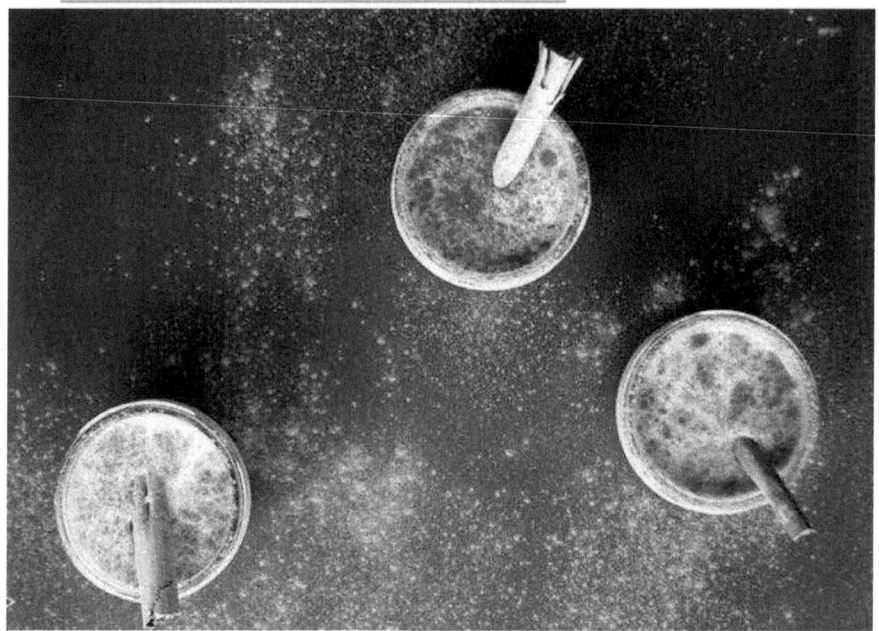

**INGREDIENTES:**
- 4 tazas de kéfir de leche
- 5 cucharadas de cacao en polvo
- 2 dientes
- 2 cucharadas de canela molida
- ¼ de cucharada de nuez moscada
- Azúcar de caña orgánico o stevia

**INSTRUCCIONES:**

a) Prepare kéfir de leche tradicional, dejando fermentar el kéfir a temperatura ambiente durante 24 horas.

b) Cuela los granos de kéfir y pásalos por leche fresca.

c) Agrega el cacao en polvo, el clavo, la canela y la nuez moscada y revuélvelos con el kéfir.

d) Tapa el kéfir y déjalo fermentar durante 12 a 24 horas más.

e) Agrega edulcorante.

## 30. Ponche de huevo con kéfir

**INGREDIENTES:**
- 4 tazas de kéfir tradicional
- 2 huevos
- 2 a 3 cucharadas de azúcar de caña orgánica
- ½ cucharadita de canela
- ½ cucharadita de nuez moscada

**INSTRUCCIONES:**
a) Combine el kéfir, los huevos, el azúcar, la canela y la nuez moscada en una licuadora y presione hasta que quede suave.

b) Espolvorea un poco de nuez moscada mezclada con canela encima de cada taza mientras la viertes.

## 31. Kéfir de ciruela y canela

**INGREDIENTES:**
- ½ taza de ciruelas picadas
- 1 rama de canela
- 4 tazas de kéfir de agua de primer fermento

**INSTRUCCIONES:**

a) Hacer el primer fermento y dejar el tarro en un lugar cálido durante 24-48 horas.

b) Agregue las ciruelas cortadas en cubitos a un frasco con tapa giratoria y luego agregue la canela.

c) Cuela los granos y añade el primer fermento a la botella con la canela y las ciruelas.

d) Selle la botella con tapa giratoria y déjela en un lugar cálido durante 24 horas para el segundo fermento.

e) Refrigere hasta que esté bien frío.

## 32. Kéfir de agua con especias de manzana y arándanos

**INGREDIENTES:**
- ¼ de cada jugo de manzana y arándano
- ⅛ cucharadita de clavo molido
- ⅛ cucharadita de canela
- 4 tazas del primer fermento

**INSTRUCCIONES:**
a) Hacer el primer fermento y dejar el tarro en un lugar cálido durante 24-48 horas.

b) Cuela los granos y vierte el primer fermento en la botella con tapa giratoria.

c) Agrega el jugo de arándano y manzana y las especias.

d) Selle la botella e inclínela suavemente boca abajo 2 o 3 veces para asegurarse de que los ingredientes estén bien mezclados.

e) Dejar la botella en un lugar cálido durante 24 horas para el segundo fermento.

f) Refrigere hasta que esté bien frío.

## 33. Kéfir de agua de cayena, limón, jengibre

**INGREDIENTES:**
- 4 tazas de primer fermento
- ¼ taza de jugo de limón
- 5-10 cubos de jengibre confitado o fresco
- Una pizca de pimienta de cayena
- Una ramita de melisa o menta fresca

**INSTRUCCIONES:**

a) Hacer el primer fermento y dejar el tarro en un lugar cálido durante 24-48 horas.

b) Cuela los granos y vierte el kéfir de agua en la botella con tapa giratoria. Agrega los ingredientes aromatizantes.

c) Selle la botella con tapa giratoria y déjela en un lugar cálido durante 24 horas para el segundo fermento.

d) ¡Abre lentamente, cuela y disfruta!

## 34. Kéfir de agua con especias de calabaza

**INGREDIENTES:**

- 4 tazas de kéfir de agua de primer fermento
- ¼ taza de puré de calabaza
- ½ cucharadita de extracto puro de vainilla
- ½ cucharadita de pimienta de Jamaica
- ¼ cucharadita de canela
- ¼ cucharadita de nuez moscada
- ¼ cucharadita de clavo

**INSTRUCCIONES:**

a) Realizar el primer fermento y dejar el frasco en un lugar cálido durante 48 horas.

b) Mezcle el puré de calabaza, la vainilla y las especias en un bol y agregue ½ taza del primer fermento a la mezcla.

c) Vierta la mezcla en una botella con tapa giratoria, agregue más primer fermento para facilitar el vertido.

d) Cuela los granos y vierte el primer fermento restante en la botella.

e) Cierra la botella y déjala en un lugar cálido durante 24 horas para el segundo fermento.

## 35. Kéfir de arce dulce

**INGREDIENTES:**
- 2 tazas de kéfir de leche tradicional
- Sirope de arce orgánico

**INSTRUCCIONES:**

a) Agrega el jarabe de arce al kéfir de leche.

b) Pruébalo y agrega más almíbar si no está lo suficientemente dulce.

## 36. Kéfir de leche de sésamo negro

**INGREDIENTES:**
- 750 ml de kéfir de leche
- 3 cucharadas colmadas de sésamo negro
- 1 cucharada de azúcar de coco
- ½ cucharadita de vainilla

**INSTRUCCIONES:**
a) Coloca todos los ingredientes en tu coctelera o licuadora.

b) Agrega hielo si lo quieres bastante frío y congelado.

c) Licue vigorosamente asegurándose de que el tahini esté bien mezclado.

d) Pruebe para comprobar el dulzor o el sabor y ajuste cuando sea necesario.

e) Vierta en su molde para polos helados o en vasos para servir.

## 37. Kéfir de miel y especias

**INGREDIENTES:**
- 1½ tazas de kéfir natural
- 2 cucharaditas de miel cruda
- 2 cucharadas de jengibre fresco rallado
- ½ cucharadita de canela + más para decorar
- Hielo, según sea necesario

**INSTRUCCIONES:**
a) Combine todos los ingredientes en la jarra de una licuadora de alta potencia.
b) Licue a velocidad alta hasta que quede suave, agregando más kéfir y hielo según sea necesario para lograr la consistencia deseada.
c) Espolvorea con canela antes de servir.

## 38. Kéfir de cúrcuma y jengibre

**INGREDIENTES:**
- 1 taza de kéfir
- 1 cucharadita de cúrcuma molida
- 1 cucharadita de jengibre fresco rallado
- ½ cucharadita de canela molida
- 2 cucharaditas de miel

**INSTRUCCIONES:**
a) Mezclar y disfrutar.

## 39. Kéfir de cúrcuma y cardamomo

**INGREDIENTES:**

1 taza de kéfir
1/2 cucharadita de cúrcuma molida
1/4 cucharadita de cardamomo molido
1 cucharadita de miel (opcional)
**INSTRUCCIONES:**

En un vaso, combine kéfir, cúrcuma, cardamomo y miel (si lo desea).

Revuelve bien hasta que las especias estén completamente incorporadas al kéfir.

Servir frío.

## 40. Kéfir de canela y vainilla

**INGREDIENTES:**

1 taza de kéfir
1/2 cucharadita de canela molida
1/2 cucharadita de extracto de vainilla
1 cucharadita de jarabe de arce (opcional)

**INSTRUCCIONES:**

En un vaso, combine el kéfir, la canela, el extracto de vainilla y el jarabe de arce (si lo desea).

Revuelva bien para distribuir uniformemente las especias.

Servir frío.

## 41. Kéfir de pan de jengibre

**INGREDIENTES:**

1 taza de kéfir
1/2 cucharadita de jengibre molido
1/4 cucharadita de canela molida
1/4 cucharadita de nuez moscada molida
1/4 cucharadita de clavo molido
1 cucharadita de melaza (opcional)
**INSTRUCCIONES:**

En un vaso, combine kéfir, jengibre, canela, nuez moscada, clavo y melaza (si lo desea).

Revuelva vigorosamente hasta que las especias se mezclen completamente con el kéfir.

Servir frío.

## 42. Kéfir con especias chai

**INGREDIENTES:**

1 taza de kéfir
1/2 cucharadita de canela molida
1/4 cucharadita de cardamomo molido
1/4 cucharadita de jengibre molido
1/8 cucharadita de clavo molido
1/8 cucharadita de nuez moscada molida
1 cucharadita de miel (opcional)
**INSTRUCCIONES:**

En un vaso, combine kéfir, canela, cardamomo, jengibre, clavo, nuez moscada y miel (si lo desea).

Revuelva bien para asegurarse de que las especias se incorporen bien al kéfir.

Servir frío.

# 43. Kéfir de calabaza y especias

**INGREDIENTES:**

1 taza de kéfir
2 cucharadas de puré de calabaza
1/2 cucharadita de canela molida
1/4 cucharadita de jengibre molido
1/8 cucharadita de nuez moscada molida
1/8 cucharadita de clavo molido
1 cucharadita de jarabe de arce (opcional)

**INSTRUCCIONES:**

En un vaso, combine el kéfir, el puré de calabaza, la canela, el jengibre, la nuez moscada, el clavo y el jarabe de arce (si lo desea).

Revuelva vigorosamente hasta que los ingredientes estén bien mezclados.

Servir frío.

**INGREDIENTES:**

1 taza de kéfir
1/2 cucharadita de extracto de vainilla
1/4 cucharadita de cardamomo molido
1 cucharadita de miel (opcional)

**INSTRUCCIONES:**

En un vaso, combine el kéfir, el extracto de vainilla, el cardamomo y la miel (si lo desea).

Revuelva bien para distribuir uniformemente las especias.

Servir frío.

**INGREDIENTES:**

1 taza de kéfir
1/2 cucharadita de nuez moscada molida
1/4 cucharadita de clavo molido
1 cucharadita de miel (opcional)
**INSTRUCCIONES:**

En un vaso, combine kéfir, nuez moscada, clavo y miel (si lo desea).

Revuelve bien para incorporar las especias.

Servir frío.

**INGREDIENTES:**

1 taza de kéfir
1/4 cucharadita de canela molida
1/4 cucharadita de clavo molido
1/4 cucharadita de semillas de hinojo molidas
1/4 cucharadita de anís estrellado molido
1/4 cucharadita de granos de pimienta de Szechuan molidos
1 cucharadita de miel (opcional)

**INSTRUCCIONES:**

En un vaso, combine el kéfir, la canela, el clavo, las semillas de hinojo, el anís estrellado, los granos de pimienta de Szechuan y la miel (si lo desea).

Revuelva bien hasta que todas las especias estén bien mezcladas.

Servir frío.

## 47. Kéfir de manzana especiado

**INGREDIENTES:**

1 taza de kéfir
1/4 taza de jugo de manzana
1/4 cucharadita de canela molida
1/4 cucharadita de jengibre molido
1/4 cucharadita de nuez moscada molida
1 cucharadita de miel (opcional)
**INSTRUCCIONES:**

En un vaso, combine kéfir, jugo de manzana, canela, jengibre, nuez moscada y miel (si lo desea).

Revuelve bien para incorporar todos los sabores.

Servir frío.

## 48. Kéfir de menta y moca

## INGREDIENTES:

- 1 taza de kéfir
- 1/2 cucharadita de cacao en polvo
- 1/4 cucharadita de extracto de menta
- 1 cucharadita de miel (opcional)

## INSTRUCCIONES:

En un vaso, combine el kéfir, el cacao en polvo, el extracto de menta y la miel (si lo desea).
Revuelva bien hasta que el cacao en polvo se mezcle completamente con el kéfir.
Servir frío.

# KEFIR VEGETAL

**INGREDIENTES:**
- 2 tazas de kéfir de leche
- ½ taza de jugo de zanahoria
- ½ taza de zanahorias ralladas
- 1 cucharadita de extracto de vainilla
- Edulcorante
- Vaso de fermentación

**INSTRUCCIONES:**
a) Prepara kéfir de leche tradicional. El primer fermento debe durar de 12 a 24 horas. Cuela los granos de kéfir antes de agregar cualquiera de los demás ingredientes al recipiente de fermentación.

b) Coloca el kéfir de leche en el recipiente de fermentación y agrega las zanahorias, el jugo de zanahoria y la vainilla al recipiente.

c) Coloque la tapa o tapa sobre el recipiente y déjelo fermentar durante 12 horas más.

d) Justo antes de servir, coloca el kéfir en la licuadora y licúa todo. Agrega edulcorante.

## 50. Kéfir de agua de ruibarbo y romero

**INGREDIENTES:**
- 4 tazas de primer fermento
- 1 taza de tallos de ruibarbo finamente picados
- 1 cucharada de romero fresco

**INSTRUCCIONES:**

a) Hacer el primer fermento y dejar el tarro en un lugar cálido durante 24-48 horas.

b) Cuela los granos y añade todos los ingredientes a la botella con tapa giratoria con el kéfir de agua del primer fermento.

c) Selle la botella con tapa giratoria y déjela en un lugar cálido durante 24 horas para el segundo fermento.

d) ¡Abre lentamente, cuela y disfruta!

## 51. Kéfir de camote

**INGREDIENTES:**

- 1 ¼ tazas de puré de calabaza
- 2 tazas de kéfir natural
- ¼ de taza de semillas de cáñamo o de lino
- 2 cucharaditas de canela
- ½ cucharadita de nuez moscada
- 2 tazas de hielo
- 2 cucharadas de jarabe de arce

**INSTRUCCIONES:**

a) Lava la batata y hazle agujeros con un tenedor. Envuélvelo en una envoltura de plástico y mételo en el microondas durante 6 a 7 minutos hasta que esté completamente cocido al vapor y suave al tacto.

b) Mientras la batata se cuece al vapor, agregue todos los demás ingredientes a la licuadora. Saca el camote del microondas, desenvuélvelo y déjalo reposar unos minutos para que no se derrita el hielo de tu licuadora enseguida.

c) Una vez que la papa se haya enfriado un poco, agrégala a tu licuadora y licua durante 60 segundos hasta que tu kéfir cremoso de camote esté listo.

**INGREDIENTES:**
- 4 tazas de primer fermento
- ⅛ taza de trozos de sandía
- ⅛ taza de pepino finamente picado
- 1 cucharada de cilantro fresco picado

**INSTRUCCIONES:**

a) Hacer el primer fermento y dejar el tarro en un lugar cálido durante 24-48 horas.

b) Cuela los granos y añade los ingredientes a la botella con tapa giratoria con el kéfir de agua del primer fermento.

c) Selle la botella con tapa giratoria y déjela en un lugar cálido durante 24 horas para el segundo fermento.

d) ¡Abre lentamente, cuela y disfruta!

## 53. Kéfir de pepino y menta

**INGREDIENTES:**

1 taza de kéfir
1/2 pepino, pelado y cortado en cubitos
1 cucharada de hojas de menta fresca, picadas
Sal y pimienta para probar
**INSTRUCCIONES:**

En una licuadora, combine el kéfir, el pepino, las hojas de menta, la sal y la pimienta.

Mezcle hasta que esté suave y cremosa.

Vierta en un vaso y sirva frío.

**INGREDIENTES:**

1 taza de kéfir
1/2 taza de zanahoria rallada
1 cucharadita de jengibre rallado
Jugo de 1/2 limón
Sal al gusto
**INSTRUCCIONES:**

En una licuadora, combine el kéfir, la zanahoria rallada, el jengibre, el jugo de limón y la sal.

Licue hasta que esté bien combinado.

Vierta en un vaso y sirva frío.

## 55. Kéfir de espinacas y albahaca

**INGREDIENTES:**

1 taza de kéfir
1/2 taza de hojas de espinacas frescas
1/4 taza de hojas de albahaca fresca
Jugo de 1/2 limón
Sal y pimienta para probar
**INSTRUCCIONES:**

En una licuadora, combine el kéfir, las hojas de espinaca, las hojas de albahaca, el jugo de limón, la sal y la pimienta.

Mezcle hasta que esté suave y cremosa.

Vierta en un vaso y sirva frío.

## 56. Kéfir de remolacha y manzana

**INGREDIENTES:**

1 taza de kéfir
1/2 taza de remolacha cocida, cortada en cubitos
1/2 manzana, cortada en cubitos
1 cucharadita de miel (opcional)
Una pizca de canela
**INSTRUCCIONES:**

En una licuadora, combine el kéfir, la remolacha cocida, la manzana, la miel (si lo desea) y la canela.

Licue hasta que esté bien combinado.

Vierta en un vaso y sirva frío.

# 57. Kéfir de tomate y albahaca

**INGREDIENTES:**

1 taza de kéfir
1/2 taza de tomates frescos, cortados en cubitos
1/4 taza de hojas de albahaca fresca
1 diente de ajo, picado
Sal y pimienta para probar

**INSTRUCCIONES:**

En una licuadora, combine el kéfir, los tomates, las hojas de albahaca, el ajo picado, la sal y la pimienta.

Mezcle hasta que esté suave y cremosa.

Vierta en un vaso y sirva frío.

## 58. Kéfir Kale-Piña

**INGREDIENTES:**

1 taza de kéfir
1/2 taza de hojas de col rizada, sin tallos
1/2 taza de piña fresca, cortada en cubitos
1 cucharadita de miel (opcional)
**INSTRUCCIONES:**

En una licuadora, combine el kéfir, las hojas de col rizada, la piña y la miel (si lo desea).

Licue hasta que esté bien combinado.

Vierta en un vaso y sirva frío.

## 59. Kéfir de pimiento y cilantro

**INGREDIENTES:**

1 taza de kéfir
1/2 taza de pimiento morrón (rojo, amarillo o naranja), cortado en cubitos
2 cucharadas de hojas de cilantro fresco
1/2 chile jalapeño, sin semillas (opcional)
Sal y pimienta para probar

**INSTRUCCIONES:**

En una licuadora, combine el kéfir, el pimiento morrón, las hojas de cilantro, el chile jalapeño (si lo desea), la sal y la pimienta.

Mezcle hasta que esté suave y cremosa.

Vierta en un vaso y sirva frío.

**INGREDIENTES:**

1 taza de kéfir
1/2 taza de calabacín, cortado en cubitos
1/4 taza de hojas de albahaca fresca
Jugo de 1/2 limón
Sal y pimienta para probar

**INSTRUCCIONES:**

En una licuadora, combine el kéfir, el calabacín, las hojas de albahaca, el jugo de limón, la sal y la pimienta.

Licue hasta que esté bien combinado.

Vierta en un vaso y sirva frío.

## 61. Kéfir de camote y canela

**INGREDIENTES:**

1 taza de kéfir
1/2 taza de batata cocida, triturada
1/2 cucharadita de canela molida
1 cucharadita de miel (opcional)
**INSTRUCCIONES:**

En una licuadora, combine el kéfir, la batata cocida, la canela y la miel (si lo desea).

Mezcle hasta que esté suave y cremosa.

Vierta en un vaso y sirva frío.

**INGREDIENTES:**

1 taza de kéfir
1/2 taza de floretes de brócoli al vapor
1/2 manzana verde, picada
Jugo de 1/2 limón
Sal y pimienta para probar
**INSTRUCCIONES:**

En una licuadora, combine el kéfir, los floretes de brócoli al vapor, la manzana verde, el jugo de limón, la sal y la pimienta.
Licue hasta que esté bien combinado.
Vierta en un vaso y sirva frío.

# KEFIR FLORES

## 63. Kéfir de leche de lavanda dulce

## INGREDIENTES:

- 4 tazas de kéfir de leche
- 2 cucharadas de cabezas de flores de lavanda secas
- Azúcar de caña orgánico o stevia

## INSTRUCCIONES:

a) Prepare kéfir de leche tradicional, dejando fermentar el kéfir a temperatura ambiente durante 24 horas.

b) Cuela los granos de kéfir y pásalos por leche fresca.

c) Agrega las cabezas de flores de lavanda al kéfir de leche. No agregue las cabezas de flores mientras los granos de kéfir todavía estén en el kéfir.

d) Tapa el kéfir y déjalo reposar a temperatura ambiente durante la noche. El segundo fermento debe durar de 12 a 24 horas.

e) Cuela el kéfir para eliminar las cabezas de las flores.

f) Agrega azúcar de caña o stevia. Agrega el edulcorante al kéfir.

## 64. Kéfir de melocotón lila

**INGREDIENTES:**

- 4 tazas de kéfir de agua de primer fermento
- ½ taza de almíbar de lila
- 1 cucharada de jugo de limón
- ¼ taza de durazno en trozos frescos o congelados

**PARA EL JARABE SIMPLE:**

- 2 tazas de floretes de lilas frescos
- 2 cucharadas de azúcar de caña
- ½ taza de agua

**INSTRUCCIONES:**

a) Hacer el primer fermento y dejar el tarro en un lugar cálido durante 24-48 horas.

b) Para el almíbar simple: retire los floretes de color lila de la rama y enjuáguelos con agua fría en un colador o escurridor de ensalada. En una cacerola, disuelva 2 cucharadas de azúcar de caña en ½ taza de agua a fuego medio. Una vez que el azúcar se haya disuelto y el líquido comience a hervir a fuego lento, retira del fuego.

c) Asegúrate de que el líquido haya dejado de hervir a fuego lento y agrega pétalos de lila al agua azucarada. Revuelva para asegurarse de que los pétalos estén sumergidos en el líquido, tape y déjelo enfriar durante 1 a 2 horas.

d) En la botella con tapa giratoria, cuele el almíbar simple de color lila en su botella con tapa giratoria de 750 ml. Agregue jugo de limón y duraznos y cubra con el primer fermento.

e) Selle la botella con tapa giratoria y déjela en un lugar cálido durante 24 horas para el segundo fermento.

f) ¡Abre lentamente, cuela y disfruta!

# 65. Kéfir de arándanos, limón y lavanda

**INGREDIENTES:**

- 4 tazas del primer fermento
- 10 arándanos frescos o congelados, preferiblemente orgánicos
- ¼ taza de jugo de limón
- ¼ de cucharadita de lavanda culinaria

**INSTRUCCIONES:**

a) Hacer el primer fermento y dejar el tarro en un lugar cálido durante 24-48 horas.

b) Agregue jugo de limón y lavanda culinaria a una botella limpia con tapa giratoria.

c) Agregue los arándanos a la botella uno a la vez, exprimiéndolos ligeramente para que corra el jugo.

d) Cuela los granos y agrega el primer fermento a la botella con jugo de limón, lavanda y arándanos.

e) Selle la botella con tapa giratoria y déjela en un lugar cálido durante 24 horas para el segundo fermento.

f) Refrigere hasta que esté bien frío.

g) ¡Abre lentamente, cuela y disfruta!

**INGREDIENTES:**
- 2 cucharaditas de té de flor de guisante en polvo
- 8 trozos de jengibre confitado
- 3 ramitas de menta fresca, machacadas
- 1 cucharadita de flores de manzanilla secas

**INSTRUCCIONES:**
a) Hacer el primer fermento y dejar el tarro en un lugar cálido durante 24-48 horas.

b) Cuela los granos y agrega los ingredientes a la botella verde con tapa giratoria con el kéfir de agua del primer fermento.

c) Selle la botella con tapa giratoria y déjela en un lugar cálido durante 24 horas para el segundo fermento.

d) ¡Abre lentamente, cuela y disfruta!

## 67. Kéfir de agua de hibisco y jengibre

**INGREDIENTES:**
- 4 tazas de primer fermento
- 20 pétalos de hibisco secos
- 4 rodajas de raíz de jengibre fresco

**INSTRUCCIONES:**
a) Hacer el primer fermento y dejar el tarro en un lugar cálido durante 24-48 horas.

b) Pica el jengibre y ponlo en tu botella con tapa giratoria, junto con el hibisco.

c) Agrega el primer kéfir de agua fermentado.

d) Selle la botella con tapa giratoria y déjela en un lugar cálido durante 24 horas para el segundo fermento.

e) ¡Abre lentamente, cuela y disfruta!

## 68. Kéfir de lavanda y arándanos

**INGREDIENTES:**
1 taza de kéfir
1/2 taza de arándanos frescos
1 cucharadita de cogollos de lavanda secos
1 cucharadita de miel (opcional)

**INSTRUCCIONES:**
En una licuadora, combine el kéfir, los arándanos, los cogollos de lavanda secos y la miel (si lo desea).
Licue hasta que quede suave y bien combinado.
Vierte la mezcla en un vaso y sirve fría.

# KEFIR DE HIERBAS

## 69. Kéfir de agua de hoja de ortiga

**INGREDIENTES:**
- 1 parte de kéfir de agua
- 1 parte de infusión de hojas de ortiga

**INSTRUCCIONES:**
a) Hacer kéfir de agua y quitar los granos de kéfir.
b) Mezcle 1 parte de kéfir de agua preparado con 1 parte de infusión de hierbas.

## 70. Kéfir helado de menta

## INGREDIENTES:

- 4 tazas de kéfir de agua de primer fermento
- ¼ de taza de té de menta en hojas sueltas
- ½ taza de agua hervida

## INSTRUCCIONES:

a) Hacer el primer fermento y dejar el tarro en un lugar cálido durante 24-48 horas.

b) Remoje el té en ½ taza de agua hervida y déjelo enfriar hasta temperatura ambiente.

c) Cuele los granos y agregue el kéfir de agua de primer fermento.

d) Cuele el té del agua fría y viértalo en una botella con tapa giratoria.

e) Luego vierta el primer kéfir de agua fermentado.

f) Selle la botella con tapa giratoria y déjela en un lugar cálido durante 24 horas para el segundo fermento.

g) Refrigere hasta que esté bien frío.

h) ¡Abre lentamente, cuela y disfruta!

## 71. Kéfir de tomillo y romero

**INGREDIENTES:**

- 4 tazas de primer fermento
- 1 lima recién exprimida
- 4 piezas de jengibre seco
- 1 cucharada de romero fresco
- 1 ramita grande de tomillo
- 4 vainas de semillas de cicely dulce

**INSTRUCCIONES:**

a) Hacer el primer fermento y dejar el tarro en un lugar cálido durante 24-48 horas.

b) Cuela los granos y añade todos los ingredientes a la botella con tapa giratoria con el primer kéfir de agua fermentado.

c) Selle la botella con tapa giratoria y déjela en un lugar cálido durante 24 horas para el segundo fermento.

d) ¡Abre lentamente, cuela y disfruta!

## 72. Kéfir de albahaca y pomelo

**INGREDIENTES:**

- 1½ tazas de jugo de toronja
- 2½ tazas de agua filtrada o destilada
- ⅓ taza de azúcar
- 7 hojas grandes de albahaca, trituradas
- ¼ de taza de cultivo de kéfir de agua
- 1 cucharadita de ácido cítrico

**INSTRUCCIONES:**

a) Coloque el jugo de toronja en un frasco de vidrio y agregue la albahaca triturada y el azúcar.

b) Agite vigorosamente para disolver el azúcar. Déjelo reposar durante 1 a 2 horas para absorber el sabor de la albahaca.

c) Agregue el cultivo de kéfir de agua a la botella con tapa abatible usando un embudo de embotellado.

d) Luego cuele la albahaca del pomelo y agregue el jugo a la botella con tapa abatible.

e) Por último, agregue suficiente agua a la botella para llegar aproximadamente 2 pulgadas por debajo de la abertura.

f) Selle y deje reposar a temperatura ambiente durante aproximadamente 36 a 48 horas, o hasta que aparezcan signos evidentes de carbonatación.

g) Luego transfiéralo al refrigerador durante la noche. ¡Ya está listo para beber!

## 73. Kéfir de eneldo y pepino

**INGREDIENTES:**
- 1 taza de kéfir
- 1/4 taza de pepino rallado
- 2 cucharadas de eneldo fresco, picado
- Sal y pimienta para probar

**INSTRUCCIONES:**
a) En un tazón, combine el kéfir, el pepino rallado, el eneldo fresco, la sal y la pimienta.
b) Revuelve bien para incorporar los sabores.
c) Servir frío.

## 74. Kéfir de albahaca y limón

**INGREDIENTES:**

- 1 taza de kéfir
- 2 cucharadas de hojas de albahaca fresca, picadas
- Ralladura de 1 limón
- Sal al gusto

**INSTRUCCIONES:**

a) En un tazón, combine el kéfir, las hojas frescas de albahaca, la ralladura de limón y la sal.
b) Revuelva bien para infundir los sabores.
c) Servir frío.

**INGREDIENTES:**

- 1 taza de kéfir
- 1 cucharada de hojas frescas de romero, picadas
- 1 diente de ajo, picado
- Sal y pimienta para probar

**INSTRUCCIONES:**

a) En un tazón, combine el kéfir, las hojas frescas de romero, el ajo picado, la sal y la pimienta.
b) Revuelva bien para permitir que los sabores se mezclen.
c) Servir frío.

**INGREDIENTES:**
- 1 taza de kéfir
- 2 cucharadas de cebollino fresco, picado
- 1 cucharada de cebollas verdes, picadas
- Sal y pimienta para probar

**INSTRUCCIONES:**
a) En un tazón, combine el kéfir, el cebollino fresco, las cebollas verdes, la sal y la pimienta.
b) Revuelva bien para distribuir uniformemente las hierbas.
c) Servir frío.

## 77. Kéfir de perejil y lima

**INGREDIENTES:**

- 1 taza de kéfir
- 2 cucharadas de perejil fresco, picado
- Zumo de 1 lima
- Sal y pimienta para probar

**INSTRUCCIONES:**

a) En un tazón, combine el kéfir, el perejil fresco, el jugo de limón, la sal y la pimienta.
b) Revuelva bien para infundir los sabores.
c) Servir frío.

## 78. Kéfir de tomillo y limón

**INGREDIENTES:**

1 taza de kéfir
1 cucharada de hojas frescas de tomillo
Ralladura de 1 limón
Sal y pimienta para probar
**INSTRUCCIONES:**

En un tazón, combine el kéfir, las hojas frescas de tomillo, la ralladura de limón, la sal y la pimienta.

Revuelve bien para incorporar los sabores.

Servir frío.

**INGREDIENTES:**

1 taza de kéfir
2 cucharadas de hojas de menta fresca, picadas
Zumo de 1 lima
Sal y pimienta para probar
**INSTRUCCIONES:**

En un tazón, combine el kéfir, las hojas de menta fresca, el jugo de limón, la sal y la pimienta.

Revuelva bien para infundir los sabores.

Servir frío.

## 80. Kéfir de cilantro y jalapeño

**INGREDIENTES:**

1 taza de kéfir
2 cucharadas de cilantro fresco, picado
1/2 chile jalapeño, sin semillas y picado
Sal y pimienta para probar
**INSTRUCCIONES:**

En un tazón, combine el kéfir, el cilantro fresco, el chile jalapeño picado, la sal y la pimienta.

Revuelva bien para distribuir uniformemente las hierbas y las especias.

Servir frío.

# 81. Kéfir de salvia y romero

**INGREDIENTES:**

1 taza de kéfir
1 cucharada de hojas de salvia frescas, picadas
1 cucharada de hojas frescas de romero, picadas
Sal y pimienta para probar

**INSTRUCCIONES:**

En un tazón, combine el kéfir, las hojas frescas de salvia, las hojas frescas de romero, la sal y la pimienta.

Revuelve bien para incorporar los sabores.

Servir frío.

**INGREDIENTES:**
- 1 taza de kéfir
- 1 cucharada de hojas frescas de estragón, picadas
- 1 cucharada de hojas de albahaca fresca, picadas
- Sal y pimienta para probar

**INSTRUCCIONES:**
a) En un tazón, combine el kéfir, las hojas frescas de estragón, las hojas frescas de albahaca, la sal y la pimienta.
b) Revuelva bien para infundir los sabores.
c) Servir frío.

# KEFIR DE NUEZ

## 83. Kéfir de mantequilla de almendras y plátano

**INGREDIENTES:**
- 1 taza de kéfir
- 2 cucharadas de mantequilla de almendras
- 1 plátano maduro
- 1 cucharadita de miel (opcional)

**INSTRUCCIONES:**
a) En una licuadora, combine el kéfir, la mantequilla de almendras, el plátano y la miel (si lo desea).
b) Mezcle hasta que esté suave y cremosa.
c) Vierta en un vaso y sirva frío.

## 84. Kéfir de mantequilla de maní y chocolate

**INGREDIENTES:**
- 1 taza de kéfir
- 2 cucharadas de mantequilla de maní
- 1 cucharada de cacao en polvo
- 1 cucharadita de miel (opcional)

**INSTRUCCIONES:**
a) En una licuadora, combine el kéfir, la mantequilla de maní, el cacao en polvo y la miel (si lo desea).
b) Licue hasta que esté bien combinado.
c) Vierta en un vaso y sirva frío.

## 85. Kéfir de café y avellanas

**INGREDIENTES:**
- 1 taza de kéfir
- 1 cucharada de crema de avellanas (por ejemplo, Nutella)
- 1 cucharadita de café instantáneo en gránulos
- 1 cucharadita de miel (opcional)

**INSTRUCCIONES:**
a) En una licuadora, combine el kéfir, la crema de avellanas, los gránulos de café instantáneo y la miel (si lo desea).
b) Mezcle hasta que esté suave y cremosa.
c) Vierta en un vaso y sirva frío.

# 86. Kéfir de anacardo y vainilla

**INGREDIENTES:**
- 1 taza de kéfir
- 2 cucharadas de mantequilla de anacardo
- 1/2 cucharadita de extracto de vainilla
- 1 cucharadita de jarabe de arce (opcional)

**INSTRUCCIONES:**
a) En una licuadora, combine el kéfir, la mantequilla de anacardo, el extracto de vainilla y el jarabe de arce (si lo desea).
b) Licue hasta que esté bien combinado.
c) Vierta en un vaso y sirva frío.

## 87. Kéfir de pan de nueces y plátano

**INGREDIENTES:**
- 1 taza de kéfir
- 2 cucharadas de nueces trituradas
- 1 plátano maduro
- 1/4 cucharadita de canela molida
- 1 cucharadita de miel (opcional)

**INSTRUCCIONES:**
a) En una licuadora, combine el kéfir, las nueces trituradas, el plátano, la canela molida y la miel (si lo desea).
b) Mezcle hasta que esté suave y cremosa.
c) Vierta en un vaso y sirva frío.

# 88. Kéfir de pistacho y cardamomo

**INGREDIENTES:**
- 1 taza de kéfir
- 2 cucharadas de pistachos triturados
- 1/4 cucharadita de cardamomo molido
- 1 cucharadita de miel (opcional)

**INSTRUCCIONES:**
a) En una licuadora, combine el kéfir, los pistachos triturados, el cardamomo molido y la miel (si lo desea).
b) Licue hasta que esté bien combinado.
c) Vierta en un vaso y sirva frío.

## 89. Kéfir de coco y almendras

**INGREDIENTES:**
- 1 taza de kéfir
- 2 cucharadas de coco rallado
- 2 cucharadas de harina de almendras
- 1 cucharadita de miel (opcional)

**INSTRUCCIONES:**
a) En una licuadora, combine el kéfir, el coco rallado, la harina de almendras y la miel (si lo desea).
b) Mezcle hasta que esté suave y cremosa.
c) Vierta en un vaso y sirva frío.

## 90. Kéfir de macadamia y bayas

**INGREDIENTES:**
- 1 taza de kéfir
- 2 cucharadas de nueces de macadamia trituradas
- 1/2 taza de bayas mixtas (p. ej., fresas, arándanos, frambuesas)
- 1 cucharadita de miel (opcional)

**INSTRUCCIONES:**
a) En una licuadora, combine el kéfir, las nueces de macadamia trituradas, las bayas mixtas y la miel (si lo desea).
b) Licue hasta que esté bien combinado.
c) Vierta en un vaso y sirva frío.

# 91. Kéfir de especias de calabaza y nuez

**INGREDIENTES:**
- 1 taza de kéfir
- 2 cucharadas de nueces trituradas
- 2 cucharadas de puré de calabaza
- 1/4 cucharadita de mezcla de especias de calabaza
- 1 cucharadita de jarabe de arce (opcional)

**INSTRUCCIONES:**
a) En una licuadora, combine el kéfir, las nueces trituradas, el puré de calabaza, la mezcla de especias de calabaza y el jarabe de arce (si lo desea).
b) Mezcle hasta que esté suave y cremosa.
c) Vierta en un vaso y sirva frío.

**INGREDIENTES:**
- 1 taza de kéfir
- 2 cucharadas de semillas de sésamo tostadas
- 1 cucharadita de jengibre rallado
- 1 cucharadita de miel (opcional)

**INSTRUCCIONES:**
a) En una licuadora, combine el kéfir, las semillas de sésamo tostadas, el jengibre rallado y la miel (si lo desea).
b) Licue hasta que esté bien combinado.
c) Vierta en un vaso y sirva frío.

# CÓCTEL DE KEFIR

## 93. Cóctel de kéfir, jengibre, manzana y ron

## INGREDIENTES:

- 1 taza de kéfir de agua de manzana y jengibre
- 1 onza de ron especiado
- 3 rodajas finas de manzana verde ácida
- 1 rama de canela
- 3 piezas. jengibre confitado

## INSTRUCCIONES:

a) Vierta ron en un vaso
b) Añade kéfir de agua de manzana y jengibre.
c) Agrega 3 rodajas de manzana verde
d) 2 ud. jengibre confitado
e) Remueve con una ramita de canela y deja en el vaso.
f) Añade la guarnición de jengibre confitado al borde del vaso.

**INGREDIENTES:**
- 1 onza de tequila de coco
- ⅛ cucharadita de espirulina en polvo
- Kéfir de agua de coco
- Coco rallado

**INSTRUCCIONES:**

a) En una copa de cóctel disuelva ⅛ de cucharadita de espirulina en polvo con tequila de coco.

b) Agrega cubitos de hielo y cubre con kéfir de agua a tu gusto.

c) Revuelva suavemente y espolvoree con virutas de coco.

d) Servir inmediatamente.

## 95. Cóctel de kéfir de chocolate y menta

**INGREDIENTES:**
- Chocolate blanco
- Kéfir de agua de menta
- 1 onza de vodka de vainilla
- 1 bastón de caramelo triturado para decorar

**INSTRUCCIONES:**
a) Coloque los bastones de caramelo triturados en un plato pequeño.

b) Moje el borde exterior de una copa de martini fría con agua.

c) Sosteniendo el vaso por el tallo, gire el borde para cubrirlo con caramelo.

d) Añade al vaso kéfir de agua, menta y chocolate blanco y vodka.

## 96. Cóctel de ginebra y kéfir

**INGREDIENTES:**

- 2 onzas de ginebra
- ½ oz de limón Meyer fresco o jugo de limón normal
- 2 cucharadas de kéfir de coco natural sin azúcar
- 1 cucharada de azúcar extrafina
- 4 gotas de agua de azahar
- 3 oz de agua de manantial natural carbonatada fría
- Cubos de hielo
- Limones en rodajas finas y piel de naranja, decorar

**INSTRUCCIONES:**

a) Coloque ginebra, jugo de limón, kéfir, azúcar y agua de azahar en una coctelera grande con unos cubitos de hielo.

b) Agite vigorosamente durante 20 segundos hasta que el kéfir burbujee un poco, todo esté bien frío y el azúcar completamente disuelto.

c) Retire la tapa con cuidado.

d) Colar en un vaso con hielo fresco y cubrir con agua de manantial natural carbonatada fría.

e) Adorne y sirva.

## 97. Cóctel Mojito Kéfir

**INGREDIENTES:**

- ½ lima exprimida y una rodaja extra para decorar
- 1 cucharadita de azúcar de caña orgánica
- 1 trago de kéfir
- 10-20 hojas de menta fresca
- Agua con gas o agua con gas para recargar
- Cubos de hielo

**INSTRUCCIONES:**

a) Lava y prepara la menta y deja que se seque un poco. En un vaso mezcle las hojas de menta fresca, el jugo de lima y el azúcar.

b) Triture la mezcla hasta que el azúcar se disuelva en su mayor parte.

c) Añade cubitos de hielo al vaso y uno o dos tragos de Original Kefir. Revuélvelo.

d) Complete con agua con gas fría y agregue una guarnición que puede ser una rodaja de lima u hojas de menta fresca encima.

## 98. Cóctel de flor de cerezo

**INGREDIENTES:**

- 1 oz de kéfir de cereza
- 1½oz de ron blanco
- 1½ oz de jugo de cereza agria
- 0½ oz de licor de cítricos
- 7 gotas de amargo de ruibarbo

**INSTRUCCIONES:**

a) Agrega todos los ingredientes a una coctelera con hielo y agita hasta que se enfríe.

b) Colar en una copa cupé fría y decorar con flores de cerezo.

# 99. Cóctel de Yuzu, Ube y Kéfir

## INGREDIENTES:

- 1 ¼ onzas de ron añejo
- ½ onza de bourbon
- ¼ de onza de jerez
- ¼ de onza de licor de plátano
- ¾ onza de jugo de yuzu
- ¾ onza de jarabe de ube
- 1 ½ onzas de kéfir

## INSTRUCCIONES:

a) Combine los primeros cinco ingredientes en un recipiente.

b) Calienta el kéfir en la estufa o en el microondas.

c) Llévelo a fuego lento, pero no hierva. Cocer a fuego lento hará que el kéfir se cuaje, lo cual es bueno.

d) Agrega el kéfir tibio al recipiente con el cóctel y déjalo reposar durante al menos 30 minutos.

e) Colar el cóctel a través de un filtro de café; El cóctel filtrado debe quedar claro, con un tono amarillento.

f) Para obtener una bebida más clara, fíltrala nuevamente a través de la cuajada, usando el mismo filtro.

g) Agregue el almíbar ube y revuelva para incorporar.

h) Para servir, vierta el cóctel en un vaso bajo, sobre un cubito de hielo grande y revuelva para que se enfríe.

**INGREDIENTES:**
- ramita de albahaca fresca
- 2 a 6 rodajas de jalapeño fresco
- 2 onzas de jugo de piña
- 2 oz de kéfir de agua con jengibre
- 1½ onzas de whisky irlandés
- coctelera
- Hielo

**INSTRUCCIONES:**
a) Combine el jugo de piña, el kéfir de agua de jengibre y el whisky opcional en una coctelera con hielo y enrolle o agite suavemente para combinar.

b) Ponga unos cubos en un vaso, coloque los jalapeños y la albahaca y vierta en el vaso.

c) ¡¡Servir y disfrutar!!

# CONCLUSIÓN

El kéfir es una forma refrescante y deliciosa de obtener más probióticos beneficiosos para nosotros, las bacterias beneficiosas que necesitamos para crear un ambiente interno saludable en el cuerpo. Las bacterias amigables en las bebidas cultivadas crean un sistema digestivo y colon saludables, ayudándonos a descomponer y digerir nuestros alimentos y absorber más nutrientes. También ayudan a eliminar toxinas de nuestro cuerpo, desintoxicándonos de adentro hacia afuera. El kéfir tiene propiedades antitumorales, es antiinflamatorio y estimula el sistema inmunológico. Se sabe que el kéfir reduce los niveles de colesterol; ayuda con enfermedades cardíacas y arteriales; regular la presión arterial; ayuda en la digestión; y curar el hígado, los riñones, el bazo, el páncreas, la vesícula biliar y las úlceras de estómago.

Milton Keynes UK
Ingram Content Group UK Ltd.
UKHW020912201123
432908UK00020B/2913